Barbara Keil

Der Gartenschlauch

Reiki ist wie Wasser

Hinweis:
Die Beschäftigung mit Reiki und dessen Anwendung ersetzen keine ärztlichen Diagnosen und Therapien. Auch werden in diesem Buch keine Heilversprechen abgegeben. Reiki kann aber bei schulmedizinischen Behandlungen unterstützend wirken. Die Anwendung von Reiki erfolgt immer auf eigene Verantwortung. Die Autorin übernimmt keinerlei Haftung für etwaige Personen-, Sach- oder Vermögensschäden.

Urheberrecht:
Das gesamte Werk ist urheberrechtlich geschützt. Jegliche Art der vollständigen oder auszugsweisen Verwertung bedarf der schriftlichen Genehmigung der Autorin.

Barbara Keil

Der Gartenschlauch

Reiki ist wie Wasser

Bibliografische Information der Deutschen Nationalbibliothek:
Die Deutsche Nationalbibliothek verzeichnet diese Publikation
in der Deutschen Nationalbibliografie; detaillierte bibliografische Daten sind im Internet über www.dnb.de abrufbar.

IMPRESSUM

© 2015 Barbara Keil

Umschlaggestaltung: Barbara Keil
Illustrationen: © Oleksandr Melnyk / 123RF
außer S 9 © unbekannt, S 11 © Mi Kang / 123RF,
S 27 © Barbara Keil
Herstellung und Verlag:
BoD – Books on Demand, Norderstedt

ISBN: 978-3-7347-6972-6

INHALT

Einleitung	7
Was ist Reiki	9
Der Gartenschlauch *1. Reiki-Grad*	13
Die Multifunktionsdüse *2. Reiki-Grad*	18
Die Transformation *3. Reiki-Grad*	21
Und übrigens *4. Reiki-Grad*	25
Schlussbemerkung	26
Danke	28

Es ist besser,
ein einziges kleines Licht anzuzünden, als die
Dunkelheit zu verfluchen.
(Konfuzius)

Einleitung

Den Begriff „Reiki" haben viele Menschen im deutschsprachigen Raum und auch weltweit inzwischen schon gehört und die Zahl derer, die wissen, dass es sich dabei um eine Form der feinstofflichen Energieübertragung handelt, die durch das Auflegen der Hände erfolgt, nimmt ständig zu.

Dennoch können sich viele Menschen darunter nicht wirklich etwas vorstellen und fragen sich, was das sein soll beziehungsweise wie das funktionieren soll.

Und selbst diejenigen, die vom Prinzip her wissen, worum es dabei geht, tun sich mit der konkreten Vorstellung von Reiki oft schwer, da Reiki zu den Dingen gehört, die nicht sichtbar oder messbar sind und man es daher mit dem rationalen Verstand nur schwer begreifen kann.

Meinen Reiki-Schülern erkläre ich gerne anhand eines Vergleiches, wie Reiki funktioniert und was die Reiki-Ausbildung und die dazugehörigen Einweihungen bewirken. Oft entstehen aus dieser Erklärung Aha-Erlebnisse, da man dadurch eine

anschaulichere und greifbarere Vorstellung von Reiki bekommt.
Aus diesem Grund gebe ich hier meinen Vergleich gerne an alle Interessierten weiter.

In erster Linie werden Menschen, die sich bereits mit Reiki oder einer anderen Form der Energiearbeit auseinandersetzen, davon profitieren können. Jedoch auch Menschen, die sich nicht für eine Reiki-Ausbildung interessieren, sondern einfach nur wissen wollen, was es damit auf sich hat, finden hier eine einfache und leicht verständliche Erklärung.

Was ist Reiki

Reiki ist eine alte Heilmethode, die in Japan um 1920 von Dr. Mikao Usui „wiederentdeckt" wurde. Leider ist über das Leben von Dr. Usui nicht viel bekannt. Der Großteil des Wissens über ihn ist aus Legenden entstanden. Angeblich hat er die Wirkungsweise und Funktion von Reiki sowie die dazugehörigen Reiki-Symbole nach einer 21-tägigen Fastenzeit in einem Erleuchtungserlebnis erhalten.

Belegt ist jedenfalls, dass er danach nicht nur seiner Familie sondern auch vielen anderen Menschen mit Reiki helfen und sie heilen konnte. Er gründete Therapiezentren und gab sein Wissen weiter indem er andere Menschen ausbildete und sie in Reiki einweihte.

Die Bedeutung des Wortes „Reiki" ergibt sich aus den beiden japanischen Worten „rei" (Geist, Seele) und „ki" (Lebensenergie), aus welchen es zusammengesetzt ist und wird im deutschen Sprachraum allgemein mit „universale Lebensenergie" übersetzt.

Der Begriff „Reiki" steht aber nicht nur für die universale Lebensenergie an sich, er bezeichnet auch die von Dr. Mikao Usui gelehrte Methode des Handauflegens, mit welcher diese Energie übertragen wird.

Und nicht zuletzt bezeichnet Reiki auch einen Weg der persönlichen Entwicklung und des spirituellen Wachstums, der sich nach und nach jenen eröffnet, die daran interessiert sind und sich bewusst dafür entscheiden, ihren Lebensweg in diese Richtung zu lenken.

Reiki als Lebensenergie ist immer und überall vorhanden. Es ist die Energie, die alles mit Leben erfüllt. Sie ist in der Luft, die wir atmen, im Wasser, das wir trinken und in der Nahrung, die wir essen. Jeder Mensch nimmt sie auf und gibt sie ab, so lange er lebt. Und jeder Mensch überträgt sie auch, allerdings meistens unbewusst und – sofern er nicht in Reiki eingeweiht ist - nur in geringer Dosierung.

Wenn sich ein Kind den Kopf an der Tischkante stößt, legt die Mutter ganz automatisch ihre Hand auf die schmerzende Stelle – und gibt dem Kind damit Reiki. Die Energie fließt durch die Hand der Mutter zur schmerzenden Stelle am Kopf des Kindes. Ist die Mutter nicht in Reiki eingeweiht, so ist der Energiefluss eher gering und wird kaum eine vollständige Heilung bewirken. Aber zumindest wird der Schmerz ein wenig nachlassen.

Auch bei uns selbst funktioniert das Prinzip. Wenn du dir das „närrische Bein" am Ellenbogen anschlägst legst du deine andere Hand darauf – und gibst dir somit selbst Reiki. Auch hier reicht der Energiefluss zumindest dafür aus, den Schmerz rascher zum Abklingen zu bringen.
Meistens geschieht dieses „Handauflegen" ganz automatisch, ohne dass wir wissen, dass wir damit Reiki geben. Aber ob wir es nun wissen oder nicht, es hilft!

Allerdings, wie bereits erwähnt, fließt der Energiestrom bei Menschen, die nicht in Reiki eingeweiht sind, nur in geringem Ausmaß durch ihre Energiekanäle. Um das volle Potenzial der Lebensenergie zum effektiven Energieaufbau, zur Lösung von Blockaden oder zur Aktivierung der körpereigenen Selbstheilungskräfte nutzen zu können ist das Öffnen und Aktivieren der feinstofflichen Energiekanäle, die in jedem Körper angelegt sind, notwendig.

Der Gartenschlauch

1. Reiki-Grad

Jeder kennt einen Gartenschlauch und weiß, wozu er dient. Man bewässert damit seinen Garten. Ich möchte ihn nun dazu benutzen, dir Reiki zu erklären. Bei diesem Vergleich bist du der Gartenschlauch und Reiki, also die Energie, ist das Wasser.

Zuerst betrachten wir die Beschaffenheit des Gartenschlauches. Wenn er lange Zeit nicht benutzt wurde und herumliegt so ist er innen verstopft und verkrustet. Wird nun der Wasserhahn aufgedreht, so kann es sein, dass ein wenig Wasser durchrinnt. Es wird sich aber nur um ein kleines Rinnsal handeln.

Ebenso ist es bei einem Menschen, der sich selbst oder jemand anderem die Hand auf eine schmerzende Stelle legt, wie ich es oben beschrieben habe. Auch hier fließt Lebensenergie, allerdings auch nur als kleines Rinnsal.

Soll nun das volle Potential des Gartenschlauches genutzt werden, sodass der Wasserstrahl dem Durchmesser des Schlauches entspricht, so ist es sinnvoll, ihn erst einmal gründlich zu reinigen.
Genau das passiert bei der Einweihung in den 1. Reiki-Grad. Hier werden deine inneren Energiekanäle geöffnet sodass die Energie nun ungehindert durch sie hindurchfließen kann.

Nun sind also die Vorbereitungen getroffen und du kannst Reiki mit deinen Händen übertragen, also den Garten gießen.

Du brauchst dir keine Sorgen zu machen, dass du dabei selbst an Energie verlierst und dadurch ausgelaugt und geschwächt wirst, denn du gibst nichts von deiner eigenen Energie ab. Du lässt nur die überall vorhandene universale Lebensenergie, die dir aus dem Kosmos zufließt, durch dich hindurchströmen.
Auch der Gartenschlauch verbraucht sich beim Gießen ja nicht selbst sondern lässt nur das Wasser hindurchströmen.

Wenn sich nun ein Mensch mit Reiki von dir helfen lassen will, so ist es nicht erforderlich, dass du weißt, an welcher Stelle seines Körpers genau die Ursache für einen Schmerz oder eine Krankheit liegt. Es genügt, wenn du Reiki in die ungefähre Richtung lenkst. Die Energie sucht sich selbst ihren Weg und wird diesen Menschen dort unterstützen, wo er es am meisten braucht. Und sein Körper wird genau die Menge aufnehmen, die er benötigt, ohne dass dieser Vorgang willentlich gesteuert werden könnte.

Wenn du deinen Garten gießt, dann weißt du ja auch nicht, an welcher Stelle genau die durstigsten Wurzeln eines Baumes unter der Erde liegen. Du verteilst das Wasser einfach rund um den Baum. Unterirdisch sickert es dann selbst zu den Wurzeln und der Baum nimmt aus dem Angebot so viel auf, wie er eben braucht.

Gibst du einem Menschen Reiki, der sich innerlich dagegen sperrt – das kann bewusst oder oft auch unbewusst sein – so passiert gar nichts. Die Energie prallt an ihm ab ohne ihn in irgend einer Art und Weise zu verändern.
Es ist genau so, als ob du beim Gießen den Wasserstrahl auf einen Stein richtest. Der Stein nimmt das Wasser auch nicht auf. Es rinnt einfach von ihm ab ohne ihn zu verändern.

Das Schöne an der Arbeit mit Reiki ist, dass immer beide etwas davon haben, sowohl der Reiki-Empfänger als auch du selbst, wenn du Reiki gibst. Denn von der Energie, die du durch dich hindurchfließen lässt, bleibt immer auch etwas in dir zurück, sodass auch du dich dadurch auch erfrischt und energetisiert fühlst.

Wenn du, nachdem du deinen Garten gegossen hast, das Wasser wieder abdrehst, bleibt ja auch immer noch etwas Wasser im Gartenschlauch zurück.

Es wird vorkommen – und das ist ja auch der Sinn von Reiki-Behandlungen – dass durch deine Tätigkeit ein Schmerz gelindert wird oder eine Heilung stattfindet. Aber Achtung! Denke nun bitte nicht, es wäre dein Verdienst. Denn es ist immer die Energie, die heilt, niemals du selbst.

Es ist ja auch nie der Gartenschlauch, der eine Pflanze vor dem Verdursten rettet. Es ist immer das Wasser.

Der Gartenschlauch – genau wie du – ist nur Mittel zum Zweck. Er bündelt und lenkt das Wasser und du bündelst und lenkst die Energie, denn das ist deine Aufgabe. Nichts anderes!

Den fruchtbaren Reisstengel erkennt man an seiner gebogenen Form
(Sprichwort aus Madagaskar)

Die Multifunktionsdüse

2. Reiki-Grad

Bei der Einweihung in den 2. Reiki-Grad werden dir einige Symbole übergeben.

Symbole dienen dazu, einen komplexen Inhalt in eine komprimierte und dadurch einfach zu handhabende Form zu bringen. Sie tragen den gesamten Inhalt in sich und können durch ihre Einfachheit leicht gemerkt und angewendet werden. Denk nur an das Kreuz als Symbol der Christenheit. In diesen beiden, sich kreuzenden Linien steckt der gesamte Inhalt der christlichen Religion und es wird genutzt, um genau diesem Inhalt auf einfache und klare Weise Ausdruck zu verleihen.

So ist es auch mit den Reiki-Symbolen. Sie sind die Kurzform eines umfangreichen Themenkomplexes, der bei ihrer Anwendung zur Gänze wirksam wird.

Mit den Reiki-Symbolen hast du nun die Möglichkeit, der Energie, die du überträgst, bestimmte Qualitäten mitzugeben. Du kannst zum Beispiel den Energiefluss verstärken oder einen Energieüberschuss sanft ausgleichen.

Um die Arbeit mit den Symbolen besser zu verstehen, stell dir einfach vor, dass auf den Gartenschlauch eine Multifunktionsdüse aufgesetzt wird. Mit dieser Düse kann der Wasserstrahl nun so eingestellt werden, dass er entweder wie ein sanfter Sommerregen oder aber wie ein kräftiger Platzregen wirkt.

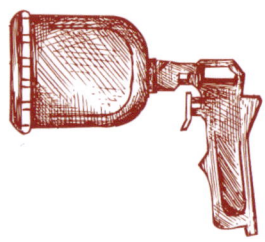

Du kannst die Reiki-Symbole aber auch dazu nutzen, die Energie an weit entfernte Orte oder in eine andere Zeit zu senden, da die Energie selbst von Zeit und Raum unabhängig ist.
Dadurch sind Fernbehandlungen möglich, wobei du einer Person Reiki schickst, die sich nicht im selben Raum mit dir befindet. Es ist dabei unerheblich, ob sie sich im Nebenraum oder auf einem anderen Kontinent befindet.
Ebenso kannst du Reiki in bereits vergangene oder in zukünftige Ereignisse und Situationen schicken

Das ist in etwa so, als würdest du die Düse am Gartenschlauch auf einen starken, sehr weit reichenden Strahl einstellen. Damit lassen sich auch Pflanzen gießen, die du ohne der Düse gar nicht erreichen könntest.
Und außerdem ist in die Multifunktionsdüse auch eine Zeitschaltuhr eingebaut. Mit dieser Zeitschaltuhr kannst du die Bewässerung deines Gartens einfach programmieren.

*Lasst uns Brücken bauen,
und wenn der andere
nicht zu uns herüberkommen kann,
so lasst uns zusehen,
ob wir nicht zu ihm gehen können.*
(Augustin Wibbelt)

Die Transformation

3. Reiki-Grad

Während du also den Reiki-Weg gehst und dich mit der Lebensenergie auseinandersetzt, entwickelst du dich immer weiter. Und irgendwann kommst du vielleicht an einen Punkt, an dem du den Wunsch verspürst, den nächsten Schritt zu tun und dich in den 3. Reiki-Grad einweihen zu lassen.

Ging es im 1. Grad um die körperliche und im 2. Grad um die geistige Ebene, so betreten wir mit dem 3. Grad die Seelenebene. Was hier geschieht lässt sich vor allem mit dem Herzen begreifen, der logische Verstand wird sich damit schwer tun. Doch unser Gartenschlauch wird uns auch dabei weiterhelfen.

Der 3. Reiki-Grad wird auch Meistergrad genannt. Das bedeutet, dass du nun zum Meister über dich selbst wirst. Aber was macht einen Meister aus? Meister ist derjenige, der die Illusionen der physischen Welt, in der wir leben, durchschaut hat und erkannt hat, dass in Wahrheit alles Eins ist. Alles, jeder Mensch, jedes Tier, jede Pflanze, jeder Stein, einfach alles besteht aus Energie. Und zwar aus genau derselben Energie, die überall existiert, aus universaler Lebensenergie. Tatsächlich existiert nichts anderes, als diese Energie, aus der alles besteht und in der alles enthalten ist.

Als Meister deiner selbst erkennst du also mehr und mehr, dass du aus dem selben Stoff bestehst, wie die Energie, die du kanalisierst, wenn du Reiki gibst.

Übertragen auf unser Beispiel bedeutet das folgendes: Anfangs meinte der Gartenschlauch, er bestehe aus Kunststoff und würde sich daher in seiner Struktur deutlich von dem Wasser, das durch ihn hindurchfließt unterscheiden – und erlag damit einer weit verbreiteten Illusion. Bei jeder Benutzung des Gartenschlauches wurde er jedoch durch das hindurchfließende Wasser mehr und mehr gereinigt und selbst die letzten Reste an alten Ablagerungen und Schlacken, die noch in seinem Inneren waren, wurden fortgespült.

Dadurch beginnt der Schlauch mehr und mehr seine wahre Struktur zu erkennen. Er bemerkt, dass er gar nicht aus Kunststoff besteht, sondern aus Wasser, also aus genau demselben Stoff, der durch ihn hindurchfließt.

Er beginnt also langsam, sich selbst zu erkennen. Er ist immer noch ein Schlauch, durch welchen Wasser fließt. Aber er ist ein Schlauch aus Wasser, durch welchen Wasser fließt.

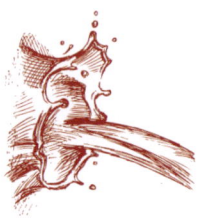

Das bedeutet natürlich nicht, dass dein Körper beginnt, sich aufzulösen. Es bedeutet, dass du beginnst, dein wahres Wesen zu erkennen. Nicht dein Körper wandelt sich sondern dein Geist.

Du bist dabei, aufzuwachen. Du erkennst dich selbst als Teil der Energie. Und du erkennst, dass es keine Trennung gibt, denn wenn du ebenso wie alles andere auch, aus der selben Energie bestehst, ist alles Eins. Jedes Individuum ist nur ein individueller Aspekt ein und derselben Energie.

Die Grenzen verschwimmen mehr und mehr. Du bist ein Teil dieser übergroßen, liebevollen, allumfassenden, immerwährenden Lebensenergie, die viele Namen hat, da man sie eigentlich nicht benennen kann.

Für unser Beispiel heißt das, du bist Wasser mitten im Wasser, durch welches Wasser fließt.

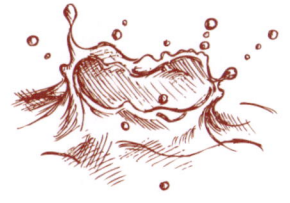

Und übrigens

4. Reiki-Grad

Wenn du Lust dazu hast, dein Wissen um diese wundervolle Energiearbeit weiter zu geben, so kannst du dich im 4. Reiki-Grad zum Reiki-Lehrer ausbilden und einweihen lassen. Du bekommst hier alle Werkzeuge übermittelt, um in der Lage zu sein, nun selbst interessierte Menschen in Reiki auszubilden und einzuweihen.

Und du wirst erkennen, welche Freude es ist, nicht nur mit dieser Energie zu arbeiten, sondern auch andere Menschen auf ihrem Weg ein Stück begleiten zu dürfen.

*Wer weiß,
wie er sein Leben gestalten muss,
um glücklich zu sein,
muss nur noch den Mut finden,
es auch zu leben.*
(John Irving)

Schlussbemerkung

Ich selbst bin durch „Zufall" in Reiki hineingestolpert und habe diesen Weg kennen und lieben gelernt. Er hat mir für mein eigenes Leben viele Erkenntnisse, erleuchtete Momente und auch sehr schöne Gefühle beschert.

Reiki ist meiner Ansicht nach hauptsächlich eine Sache des Fühlens. Ich halte meine Schüler von Beginn an dazu an, zu fühlen und sich auf ihr Gefühl zu verlassen. Natürlich sind manchmal am Anfang dieses Weges ein paar „Stützräder" nützlich und sinnvoll. Meistens jedoch können diese bald abgelegt werden und das Vertrauen in das eigene Gefühl wächst mehr und mehr.

Wenn wir tiefer in Reiki eintauchen, so erkennen wir, dass die „universale Lebensenergie" das einzig Reale ist, das überhaupt existiert. Es gibt viele verschiedene Bezeichnungen dafür. Manche nennen sie Gott, das Universum, Liebe oder einfach nur Energie. Ich denke, all das ist Ein und das Selbe und die Unterschiede, die wir sehen, sind nur verschiedene Aspekte davon. Die Arbeit mit Reiki bringt einen sehr schönen und liebevollen Aspekt zum Erblühen.

Daher freue ich mich immer sehr, wenn andere Menschen sich für diesen Weg entscheiden.
Für mich ist es ein Weg, der Frieden bringt. Ein Weg, der mich meinem Selbst näher bringt. Ein Weg, der mich glücklich macht. Und das wünsche ich auch dir, denn:

*Frag nicht danach,
was die Welt braucht,
frag danach, was dich aufleben lässt
und dann geh hin und tu es.
Denn was die Welt braucht
sind Menschen,
die zum Leben erwacht sind.*
(Howard Thurman)

Danke

Ich danke dem Universum, dass es mich auf diese wundervolle Lebensreise geschickt hat.
Und natürlich gilt mein besonderer Dank auch meinen Reiki-Lehrern Ulli Eilf und Wolfgang Zwieb, die mir den Umgang mit der Lebensenergie auf eine sehr schöne und liebevolle Art näher gebracht haben. Schön, dass es euch gibt!

Über die Autorin:

Barbara Keil wurde 1963 in Österreich geboren und geht seit dem Jahr 2006 ihren Reiki-Weg. Sie absolvierte verschiedene Ausbildungen zum Humanenergetiker und Reiki-Meister/Lehrer. Neben Energiearbeit und Reiki-Kursen gibt sie auch Seminare zur Selbstfindung.

Wenn du Fragen zum Inhalt dieses Buches hast oder dich für Reiki oder eine Reiki-Ausbildung interessierst, so findest du nähere Informationen und auch das Kontaktformular unter:
www.die-eule.net